Vieillir en liberté c'est chouette

De la même auteure chez le même éditeur

Le Petit Livre des grands réconforts, 2024.
Ces mots qui nous libèrent, 2023.
Ma vie en mots, 2022.

ISBN : 978-2-7029-2908-7

www.editions-tredaniel.com
info@guytredaniel.fr
www.facebook.com/tredaniel.bienvivre
@tredaniel_bienvivre

FLAVIA MAZELIN SALVI

Vieillir en liberté c'est chouette

LE COURRIER DU LIVRE
27, rue des Grands-Augustins
75006 Paris

À mes amies du club des 60's.

Vieillir,

c'est

hibou.

Vieillir,

c'est

hulotte.

Vieillir,

c'est

grand-duc.

Vieillir en liberté c'est chouette.

Mais, pourquoi

soudain pour

nocturnes ?

Une nouvelle

cet intérêt

les rapaces

marotte ?

Oui, on peut

Une nouvelle marotte[1] !

Marotte : subst. Féminin

1. Poupée ancienne montée sur un bâton, reprise à l'époque moderne comme marionnette (d'après GITEAU, 1970).

dire ça.

Il faut dire
14 novembre
il s'est passé

que le

dernier,

quelque

chose...

... d'incro

yable !

J'ai

eu...

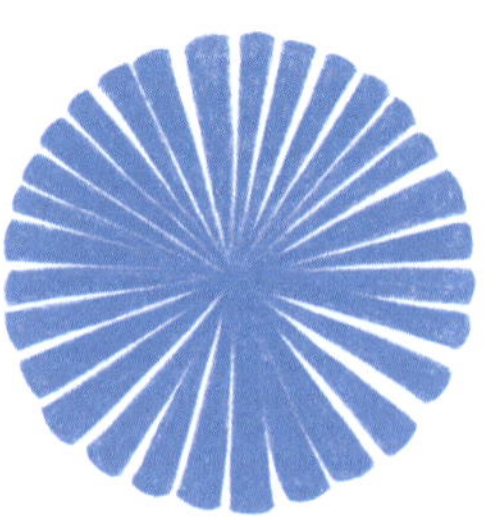

60
ans!

14 novembre

Happy
birthday
to me,
certes...

Mais
sur le coup,

60 ans,

ça m'a fait des
yeux de...

parce

que...

Annonce officielle

Mesdames et messieurs,
votre attention,
s'il vous plaît !

« Selon l'Organisation mondiale de la santé (OMS), une personne devient âgée à partir de

60 ans[1]. »

1. Les auteurs de l'article (dont on ignore l'âge) précisent que cet âge ne fait pas l'unanimité. On est bien d'accord !

J'ai commencé par me dire :

« 60 ans ! Ça ne peut pas être toi !

Il y a erreur d'état civil, vérifie !

60 ans, ça ne peut pas être toi,

parce que c'est le début des années

en M et en C.

- Mémé, Mamie, Mère-grand, Marche nordique, Mollesse du genou...
- Cures thermales, Carte senior, Couches... »

60 ans,

ça commence à fleurer bon le...

Puis j'ai repris

et je me

mes esprits

suis dit...

...

exactement

la même chose

que page 32 !

Je reconnais que c'est sans
de la part de quelqu'un qui
la connaissance de soi
Je rappelle toutefois aux
et à Vickie que j'entends
vais pas tarder à vous
rappelle donc, à toutes
pas vers la libération des
croyances limitantes/
est leur

doute très décevant

écrit des livres sur

et la spiritualité.

esprits chagrins

ricaner (et que je ne

présenter), je vous

fins utiles, que le premier

conditionnements et autres

erronées/toxiques

identification.

C'est vrai aussi que, passé le temps

- « 20, 40, 60 ans, quelle

monde sera mort (du moins ceux qui,

(sagesse zen tranchante comme

d'un seul coup la question de la vie,

- « 60 ans, et alors ? Ce qui compte,

(règle d'or du développement

d'une règle

- « 60 ans, c'est le début d'une

(invitation de la psychologie positive,

comme son nom

- « 60 ans, c'est le temps de la

(spiritualité biblico-laïque qui donne

de la sidération, j'aurais pu me dire :

importance ! Dans cent ans, tout le
aujourd'hui, ont 20, 40, 60 ans). »
un sabre de samouraï, qui règle
de la vieillesse et de la mort)

c'est le ressenti. »
personnel, jamais en retard
d'or)

merveilleuse aventure intérieure. »
toujours positive
l'indique)

moisson et du partage. »
envie de s'habiller en lin blanc)

Mais

j'avoue que j'ai

imparable,

mathématique :

j'ai vécu les trois

surtout

médité une vérité

parce que

statistiquement,

quarts de ma vie.

Juste avant

à un petit

de me livrer

calcul.

En âge de chat

sachant qu'une année féline

est équivalente à qua

j'ai

donc

240

ans.

Billy + Faustine
mes deux chats
en un.

et en âge de chien,

ou une année canine

e années humaines,

X Dôgen + Tosho
mes deux chiens
en un.

240

Et

je ne

qu'au

ans !

suis

début

...

... de la

VIEIL

LEss
E

N'est-ce pas

merveilleux ?

NOOON !

Non. Non. Non.

C'est n'importe quoi !

N'importe nawak,

comme on disait

quand j'étais jeune.

Snif snif...

Une fois remise

sidération,

marchandage,

il me restait à

de mes émotions :

déni, colère,

non-acceptation

(désolée pour la petite modification de vos cinq étapes du deuil, madame Elisabeth Kübler-Ross),

résoudre...

Le vieux

Je ne veux pas vieillir vieille !

on te croit

Je ne veux pas vieillir jeune !

on ne te croit pas

dilemme

Je ne veux pas mourir jeune !
option périmée
Je veux vieillir bien !
option retenue

D'accord,

option

je veux

Mais comment

retenue :

vieillir bien.

faire ?

Examinons les quinze conseils que me propose la Voix de la Classe Sociale Prescriptrice (la VCSP) pour vieillir bien :

1. chevelure blanche ou grise ;

+

2. minceur ;

+

3. minceur tonique ;

4. healthy organic food ;

5. Pilates ;

6. vestiaire stylé
(mix griffé/vintage) ;

7. positive attitude ;

8. méditation de pleine
conscience ;

9. jeûne ;

10. cures ayurvédiques ;

11. soins dermato
de pointe ;

12. cinéma d'auteur,
expos pointues, lecture ou
écriture de poésie, podcasts
féministes, livres de
« La Grande Librairie » ;

+

13. chirurgie esthétique ;

+

14. thalasso ;

+

15. slow sex.

SANS OUBLIER...

Attends,
deviner : la
les autres,
pour la fin
sociales, de
superprofits

laisse-moi
vie intérieure,
l'engagement
des inégalités
la misère, des
des super-
riches ?

Nooon,

•LE

YOGA!

La VCSP : « Alors, tu en dis quoi ? Ce n'est pas génial de pouvoir vieillir jeune, chic et hype ? »

Moi : « C'est une plaisanterie ? »

La VCSP, après un long silence : « Une plaisanterie ? Je ne comprends pas. »

Moi : « Laisse tomber ! »

Besoin d'exister à
tout prix, confiance
en soi à consolider.

Petit interlude

floral...

... qui me
cet habile

permet

enchaînement

...

...poético-misogyne

Mignonne,

À Cassandre

Mignonne, allons voir si la rose
Qui ce matin avait déclose
Sa robe de pourpre au Soleil,
A point perdu cette vesprée
Les plis de sa robe pourprée,
Et son teint au vôtre pareil.

Las ! voyez comme en peu d'espace,
Mignonne, elle a dessus la place
Las ! las ses beautés laissé choir !
Ô vraiment marâtre Nature,
Puisqu'une telle fleur ne dure
Que du matin jusques au soir !

Donc, si vous me croyez mignonne,
Tandis que votre âge fleuronne
En sa plus verte nouveauté,
Cueillez, cueillez votre jeunesse :
Comme à cette fleur la vieillesse
Fera ternir votre beauté.

PS: Ronsard, qui aurait dû signer Cassandre.

JEUNISME

ver

= match nul,

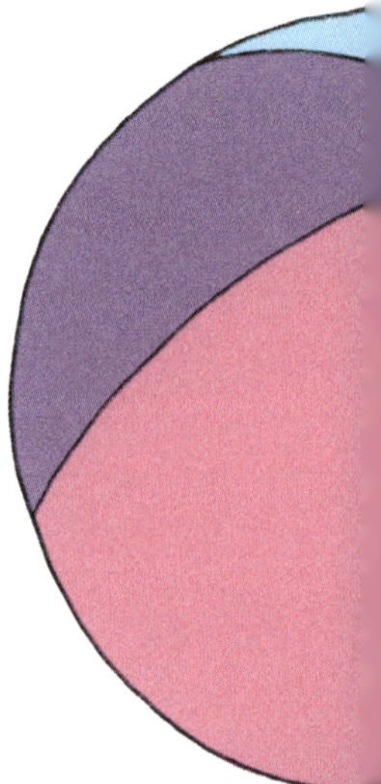

sus

ÂGISME

balle au centre

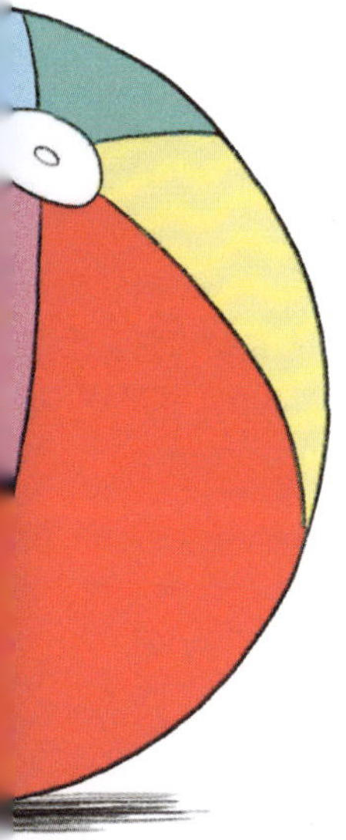

X Revenons à nos dilemmes cornéliens, en l'occurrence : ni jeune ni vieille, et sans clichés (cf. VCSP), ou le déni (cf. VCSP) ?

(Vous avez

Tic-tac-tic-

kafkaïens et autres choix

comment vieillir, sans vieillir

tomber dans les

l'obsession (cf. VCSP)

quatre heures.)

tac-tic-tac

Ma réponse est

quel style de

avez-vous

de

une question :

vieille femme

envie

devenir ?

(Petite

Aujourd'hui,

veut vieillir

Moi, je dis :

chic, c'est bien,

une chic vieille[1],

1. Oui, je sais Vickie, on peut être une chic vieille chic, j'en connais...

parenthèse.)

tout le monde

chic.

être une vieille

mais être

c'est mieux !

Si la vieillesse

elle serait
un cyprès,

chic était un arbre :

pas un
pommier.

Tirez-en

que vous

Vous êtes libre

vos

Et moi

l'enseignement

voulez...

de choisir

croyances.

les miennes.

Revenons à

(moutons noirs

quel st yle

voulez-vous

nos vieux mérinos

de notre société) :

de vieille femme

devenir ?

Patti Smith

Ou Bernadette Chirac ?

Tata Suzanne

ou Madonna ?

Iris Apfel

ou Mère Teresa ?

La bonne

est

réponse

...

M

OI!

Vous,

bien sûr !

Pas moi.

Banderole d'affirmation joyeuse de sa singularité, et non proclamation d'un égocentrisme forcené.

OUI, VOUS !

Parce que
qui vous ira le
comme disait
« Soyez vous-
sont déjà

c'est le style

mieux. Et puis,

Oscar Wilde :

même, les autres

pris. »

LE VRAI C'EST D'ÊTRE

STYLE,
L'ART
SOI.

Le style, c'est
manifestation de
C'est votre
que vous avez
raconter en
Le style, c'est la
la signature,
votre présence

l'expression, la

votre identité.

histoire, l'histoire

envie de (vous)

toute liberté.

forme, la couleur,

la vibration de

au monde.

Vickie :
« Rien que
ça ! »

Moi : « Non, beaucoup plus que ça ! »

Trouver son style,
l'assumer et l'affirmer,
c'est se (re)trouver.
C'est refuser d'être
définie, modelée,
étiquetée par les autres.
C'est se connaître.
C'est se reconnaître.
C'est apparaître dans
sa singularité
ou disparaître derrière
un écran de fumée.

Le style,

c'est essentiel

et dérisoire.

C'est donc essentiel.

Faites comme elles,

Elles n'ont pas suivi la

comme elles vivaient,

- La dégaine rock de Patti Smith
- Le vestiaire « traditionnel » de Frida Kahlo
- Le DIY punk de Vivienne Westwood
- La silhouette garçonne de Jane Birkin
- L'épure zen de Georgia O'Keeffe
- La fonctionnalité artisane de Louise Bourgeois

mais ne les copiez pas !

mode, elles se sont habillées

comme elles le sentaient.

Et les détails qui n'en sont pas, parce
qu'ils ponctuent une présence, comme
une note unique, dans le silence :
le turban de Simone de Beauvoir,
la chasuble de Marguerite Duras,
les grands gilets de Virginia Woolf,
les cheveux bicolores d'Agnès Varda...

SOYEZ
VOUS,
UNIQUEMENT
VOUS !

Et si vous vous moquez
du style comme de
votre premier legging,
c'est très bien aussi !
Et c'est aussi un style.

Séquence confidences.

J'ai dans la tête quatre archétypes de femmes qui m'inspirent, m'enchantent

et m'amusent.
Elles portent
mes fantasmes,
mes possibles,
mes désirs.
Ce sont mes

4 Fab.

La gitane drapée dans ses châles, assise sur les marches de sa roulotte en bois. Elle fume la pipe en faisant cliqueter ses bracelets. Elle observe, conseille, réconforte, sanctionne, nourrit, danse, chante, et transmet. Les enfants et les jeunes l'adorent. Les adultes la craignent.

La femme sauvage qui court avec les loups, vit de cueillette et d'eau fraîche, (se) soigne avec les plantes, dort dans les arbres, lit l'avenir dans les cailloux des rivières, et s'endort en parlant aux étoiles.

La romancière anglaise qui vit avec ses livres, ses chats, jardine en robe de satin, chaussée de bottes en caoutchouc, met du cognac dans son Earl Grey et séjourne régulièrement à Darjeeling.

L'artiste rebelle qui crée sans relâche, fait la fête avec ses amis, nage toute l'année dans une mer tantôt grise et tantôt verte, ou se balade dans le désert sous un ciel éternellement bleu Klein.

P.-S. : ma préférée, hors compétition, la grand-mère créative, marrante et rassurante, qui donne envie de vieillir et de devenir soi.

Et vous ?

Quelles sont vos quatre Fab ?

X

X

X

X

Et en parlant de grands-mères, je vous avoue que j'ai la nostalgie, non seulement de la mienne, Ernestine, mais aussi des « vieilles d'avant », les vieilles de mon village que j'avais toujours connues vieilles. J'aimais leurs silences, leurs gestes précis et économes, leurs rituels dans la maison, leurs vêtements sombres et sobres, leurs mains qui savaient faire sans recettes, sans chichis, sans modes d'emploi, leur peau douce et fanée qui me disait : « Embrasse-moi, bientôt je ne serai plus là. » Et, en les embrassant, je pensais très fort : « Reste, reste, reste... »

Mais dans ma nostalgie, je n'oublie jamais que ces femmes ont été bridées, brimées, dressées, domestiquées, pour être douces, discrètes, patientes, habiles, attentives, consolantes, maternantes, dignes, endurantes et devenir les parfaites gardiennes du foyer. Ma grand-mère n'a « connu »

qu'un seul homme, mon
grand-père, son mari,
qu'elle servait comme un
prince et chouchoutait
comme un enfant.
Elle lavait le linge
de la maison au lavoir,
faisait la cuisine pour
sa famille et les ouvriers
de son mari, elle repassait
des montagnes de linge
et ne s'asseyait que pour
coudre ou tricoter.

Petit mémo destiné aux nostalgiques aux militants obstinés du

Non.

fanatiques, aux oublieux sélectifs,

« c'était mieux avant » :

- Ce n'était pas plus chouette avant (pour les femmes).
- Vieillir n'était pas plus chouette (pour les femmes).
- Être une femme tout court n'était pas vraiment chouette.

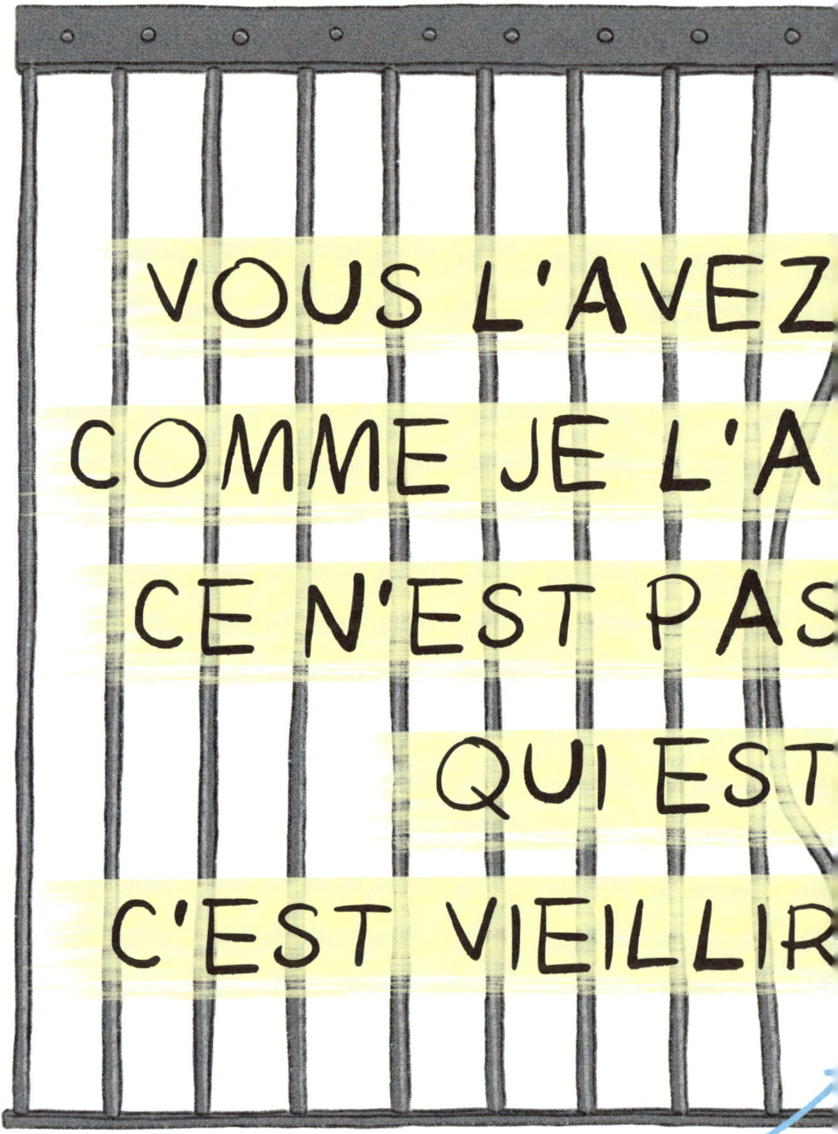

Tordre les barreaux
de la cage du patriarcat
et du conformisme social.

Tordre les barreaux
de la cage de sa prison
intérieure.

ALORS,

CHOUETTE
VIEILLE

ou

Telle est

VIEILLE CHOUETTE ?

la question...

VIEILLE

SI JE VEUX !

Telle est

VIEILLE CHOUETTE SI JE VEUX !

ma réponse.

Vous vous en doutez, vieillir en liberté ne se fait pas en un claquement de doigts. Ça demande de la réflexion, de l'introspection, et des réponses solides aux questions qui fâchent.

C'est donc le moment idéal pour vous présenter l'une des personnes les plus importantes de ma vie.

VIC

KIE

VICKIE est
prise de tête

VICKIE n'est jamais
elle est même
en avance,
compter sur

VICKIE ne me lâche

trouble-fête,
et prise de bec.

en retard,
très souvent
je peux toujours
sa présence.

jamais.

VICKIE, c'est

de ma

(Voix Intérieure

le nom

VIC

Critique).

VICKIE,

amie-

pour la

c'est mon
ennemie
vie !

LES DEUX VISAGES...

C'est trop risqué.
Ne recommence pas !

Fais attention !

Réfléchis bien...

Prends le temps.

...DE VICKIE !

Vickie

mettant mon

enthousiasme

(ou mes illusions)

au tapis sous une

pluie d'étoiles, d'un

coup, d'un seul.

Sur le bien-vieillir,
modère sa joie et
un euphémisme.
M. de La Fontaine :
montrer tout

dire que Vickie

pèse ses mots est

Comme disait

« Nous l'allons

à l'heure. »

Pour Vickie, chouette, si, et

- ceux que tu aimes sont vivants ;
- on ne te met pas sous tutelle le lendemain de tes 60 ans ;
- on ne te met pas dans un EHPAD le surlendemain de tes 60 ans ;
- tu as la garantie que tu ne mourras pas dans un couloir d'hôpital ;

vieillir, c'est seulement si :

- tu as la garantie que tu n'appelleras pas tes enfants madame et monsieur ;
- tu as une bonne retraite ;
- tu as une retraite ;
- tu as de bons amis ;
- tu as des amis ;
- tu as des voisins sympas ;

- tu as des voisins ;

- tu as des ressources psychologiques et culturelles ;

- tu as des ressources ;

- tu as des os costauds ;

- tu as un bon patrimoine génétique (et une mutuelle santé meilleure encore) ;

- tu n'es pas aimée pour ton argent ;

- tu es aimée ;

- tu as de l'argent ;

- tu peux faire pipi et caca toute seule (oui, je sais, elle est directe) ;

- tu ne vis pas dans un désert médical ;

- tu ne vis pas dans une passoire thermique.

Pour Vickie, tout sauf

- tu te sens sur la touche ;
- tu es sur la touche ;
- on te met sur la touche ;
- tu te sens moche ;
- tu es moche ;
- on te trouve moche ;
- tu détestes tout le monde ;
- tout le monde te déteste ;
- tu as tout le temps peur de tomber ;

vieillir, c'est chouette, si :

- tu tombes tout le temps ;
- tu as peur de faire pipi dans ta culotte quand tu ris ;
- tu fais pipi dans ta culotte quand tu ris ;
- ta vie sociale ou sexuelle est une utopie ;
- ta vie sociale ou sexuelle est une dystopie ;
- ta vie quoi ?

Pas besoin
d'aller plus loin,
ni de vous faire
un dessin.

Pour Vickie,
vieillir, c'est :

- **hibou** (booooouh ! j'ai peur) ;
- **chou** (bouilli, et à tous les menus) ;
- **genou** (l'arthrose, l'ostéoporose) ;
- **caillou** (pointu et dans ta chaussure).

Ses arguments, vous
ne manquent pas
pertinence. Ce qui
baisse de moral au
ces lignes et où

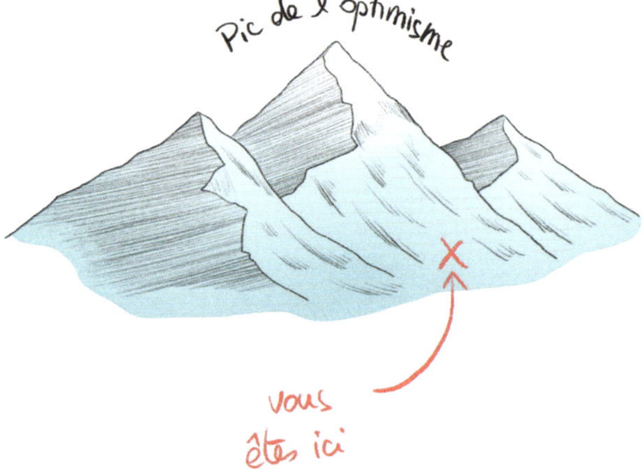

Une petite pause
reprendre ses esprits et

en conviendrez,

totalement de

explique une légère

moment où j'écris

vous les lisez.

s'impose, histoire de

de préparer la riposte.

J'inspire le calme.
J'expire les tensions.
J'inspire la sérénité.
J'expire le stress.

Je suis le calme.
Je suis la sérénité.

Vickie est

Valise rouge à idées noires.

repartie.

Enfin.

Je vais lui répondre.
Par lettre. Avec
accusé de réception.

Ma chère Vickie,

À mon tour de te convaincre que vieillir en liberté, c'est chouette.

Comme tu le sais, la liberté, c'est d'abord la liberté intérieure.
Celle que l'on conquiert en se déconditionnant, en retournant les croyances limitantes et erronées (oui, je sais, cette expression te fait ricaner), en ne s'accrochant pas à ce qui est ou ce qui a été, en ayant aussi, je te l'accorde, de quoi vivre décemment.

Alors, oui, je le répète. Vieillir, c'est vraiment chouette, si :

- tu ne veux pas rester jeune ;
- tu ne veux pas vieillir jeune ;
- tu n'envies pas la jeunesse (mais tu es émue par elle) ;
- tu perds l'esprit de jugement, mais tu gardes l'esprit critique ;
- tu ne passes pas des heures devant : le miroir, la TV, les réseaux sociaux ;
- tu fais et tu donnes, juste pour le plaisir ;
- tu arrêtes de : râler, ruminer, radoter, ragoter ;

- tu ne te compares pas ;
- tu écoutes. Vraiment.
Tu regardes. Vraiment ;
- tu creuses ce qui t'intéresse,
tu lâches le reste ;
- tu es indulgente avec les autres,
et bienveillante avec toi-même ;
- tu vides ton sac chez le psy,
pas sur tes proches ;
- tu lâches prise, mais tu ne
te résignes pas ;
- tu ne laisses personne te dire
comment bien vieillir ;

- tu écoutes ton corps ;
- tu suis ton feeling sans te laisser parasiter ;
- tu ne positives pas à tout prix (c'est ridicule et contre-productif) ;
- tu apprécies qui tu es et ce que tu as ;
- tu penses régulièrement à la mort, selon tes croyances (fais-toi du bien, choisis la version la plus optimiste : le tunnel de lumière, les anges, et la plénitude pour l'éternité...).

Tu vois ? Ce n'est pas si compliqué. Ce serait tellement dommage de vieillir en renonçant à ce qui nous fait nous sentir vivants : la joie, la gratitude, l'amour, le partage, la curiosité, le don, le chocolat, l'art, les animaux, les fous rires, la poésie, les caresses, la mer, les arbres, le ciel...

Souviens-toi :

le cœur ne vieillit pas !

PFFFFFF...

Vickie

Convaincue,

Et vous, chère

Vous pensez

liberté, ça peut

Vickie ?

lectrice ?

que vieillir en

être chouette ?

PAS ENCORE ?!

Je ne renonce pas. Je reprends ma plume...

…pour vous affirmer solennellement que vieillir, c'est plus que chouette, c'est une chance, et même, notre dernière chance, pour :

- s'accepter comme on est ;
- s'affranchir du jugement (le sien et celui des autres) ;
- faire la paix avec soi ;

- faire la paix avec celles et ceux qui le méritent ;
- se dégager des relations toxiques ;
- se retourner sur son passé et accueillir avec une tendresse égale le doux, le dur, le bon et le moins bon ;
- dire à celles et ceux qu'on aime qu'on les aime ;
- s'adoucir, s'assouplir ;
- prendre le temps ;

- prendre soin (de soi, des autres, de la planète) ;
- pardonner, se pardonner ;
- apprendre ;
- oser dire oui, oser dire non ;
- rêver, flâner, traîner ;
- pratiquer le « bon égoïsme » et le « bon altruisme » ;
- collectionner les premières fois ;

- (se) poser des questions, se remettre en question ;
- explorer son imaginaire, sa vie intérieure ;
- éliminer ce qui ne procure ni sens, ni plaisir ;
- rire, sourire de tout et de rien ;
- créer ;
- s'autoriser ;
- transmettre.

SE LI

BÉRER

• AI

MER

de tout son

Cœur

de toute

son

âme

Ça y est,

le moment est venu

de se dire au revoir

et de souhaiter

un très très

chouette

anniversaire

à toutes celles

qui ont fêté,

ou fêteront, leurs

60+

cette année !

À (SE) LIRE ET À (SE) RELIRE À HAUTE VOIX :

JE SUIS UNE CHOUETTE FEMME.

À DIRE ET À REDIRE
À SES COPINES :

TU ES UNE
CHOUETTE
FEMME.

Les adeptes du chamanisme peuvent dire :
« Je suis une femme chouette »,
ça marche aussi !

Cadeau !
Un petit
journal à
compléter
en toute
liberté.

À vous
de jouer,
en mots et
en dessins,
chères
chouettes !

Comment j'ai envie de vieillir :

Mes mots ou mes mantras préférés :

Les projets qui me tiennent à coeur :

Les peurs dont j'ai besoin de me délester :

Ce qui me
met vraiment
en joie :

Les défis que j'ai envie de relever :

Ce que j'ai envie de transmettre :

Les raisons pour lesquelles j'aime la vie :

Vive la vie...
...qui commence

et recommence...

TOUTE

LA VIE !

IMPRIM'VERT®

Achevé d'imprimer en octobre 2024 sur les presses de la SEPEC en France
Numéro d'impression : 27315240908

PEFC
10-31-3532
Certifié PEFC
Ce produit est issu de forêts gérées durablement, de sources recyclées et contrôlées
www.pefc-france.org